Mon carnet d'observation
DES OISEAUX

Ce carnet appartient à :

____

____

____

MON CARNET D'OBSERVATION DES OISEAUX

Comment utiliser ce carnet ?

Ce n'est pas qu'un simple carnet. C'est une révolution. Ce carnet va changer votre façon d'observer les oiseaux. Il est destiné à toutes les personnes passionnées des oiseaux. Si vous aimez observer les oiseaux, vous aimerez avoir un endroit pour enregistrer vos observations. Ce journal d'observation des oiseaux est facile à transporter.

Il sera une bonne référence à chaque fois que vous voulez accéder à vos commentaires sur vos observations passées.
Il est composé de 105 pages dont 100 pages dédiées aux fiches d'observation sur des doubles pages, une page de garde, une page qui vous explique comment utiliser le carnet et deux pages lignées à la fin. Au niveau, des fiches d'observation, vous avez sur la première page des endroits pour noter la date, le lieu, la météo aussi les caractéristiques de l'oiseau observé.

Sur la deuxième page de la fiche d'observation, vous avez un espace pour coller ou dessiner un croquis de l'oiseau. Vous avez également un espace ligné pour écrire des notes supplémentaires. La plupart des informations dont vous voudrez vous souvenir sur chaque oiseau peut être enregistrée ici. Ce carnet vous permettra de noter toutes vos observations tranquillement sans vous soucier du support.

Fiche d'observation

Date : .... Heure : .... Saison : ....

Lieu : ....

La météo : ☐ ☐ ☐ ☐ ☐ ☐

OBSERVATION

Appareil utilisé : ....

Espèce observée : ....

Habitat : .... Nombre d'oiseaux : ....

LES CARACTÉRISTIQUES VISUELLES

....
....
....
....
....
....
....
....
....
....
....

COMPORTEMENT

....
....
....
....
....
....

PHOTO OU CROQUIS

NOTES

Fiche d'observation

Date : .... Heure : .... Saison : ....

Lieu : ....

La météo : ☐ ☐ ☐ ☐ ☐ ☐

OBSERVATION

Appareil utilisé : ....

Espèce observée : ....

Habitat : .... Nombre d'oiseaux : ....

LES CARACTÉRISTIQUES VISUELLES

COMPORTEMENT

NOTES

Fiche d'observation

Date : _______________   Heure : _______________   Saison : _______________

Lieu : ____

La météo : ☐ ☐ ☐ ☐ ☐ ☐

OBSERVATION

Appareil utilisé : ____

Espèce observée : ____

Habitat : _______________________ Nombre d'oiseaux : _______________

LES CARACTÉRISTIQUES VISUELLES

____

____

____

____

____

____

____

____

____

____

COMPORTEMENT

____

____

____

____

____

____

____

PHOTO OU CROQUIS

NOTES

Fiche d'observation

Date : .... Heure : .... Saison : ....

Lieu : ....

La météo : ☐ ☐ ☐ ☐ ☐ ☐

OBSERVATION

Appareil utilisé : ....

Espèce observée : ....

Habitat : .... Nombre d'oiseaux : ....

LES CARACTÉRISTIQUES VISUELLES

....

....

....

....

....

....

....

....

....

....

COMPORTEMENT

....

....

....

....

....

PHOTO OU CROQUIS

NOTES

Fiche d'observation

Date : ....   Heure : ....   Saison : ....

Lieu : ....

La météo : ☐ ☐ ☐ ☐ ☐ ☐

OBSERVATION

Appareil utilisé : ....

Espèce observée : ....

Habitat : ....   Nombre d'oiseaux : ....

LES CARACTÉRISTIQUES VISUELLES

....

....

....

....

....

....

....

....

....

....

....

COMPORTEMENT

....

....

....

....

....

....

....

PHOTO OU CROQUIS

NOTES

Fiche d'observation

Date : .... Heure : .... Saison : ....

Lieu : ....

La météo : ☐ ☐ ☐ ☐ ☐ ☐

OBSERVATION

Appareil utilisé : ....

Espèce observée : ....

Habitat : ....   Nombre d'oiseaux : ....

LES CARACTÉRISTIQUES VISUELLES

....

....

....

....

....

....

....

....

....

....

COMPORTEMENT

....

....

....

....

....

....

PHOTO OU CROQUIS

NOTES

Fiche d'observation

Date : ....   Heure : ....   Saison : ....

Lieu : ....

La météo :   ☐   ☐   ☐   ☐   ☐   ☐

OBSERVATION

Appareil utilisé : ....

Espèce observée : ....

Habitat : ....   Nombre d'oiseaux : ....

LES CARACTÉRISTIQUES VISUELLES

....
....
....
....
....
....
....
....
....
....

COMPORTEMENT

....
....
....
....
....
....

PHOTO OU CROQUIS

NOTES

Fiche d'observation

Date :   Heure :   Saison :

Lieu :

La météo : ☐ ☐ ☐ ☐ ☐ ☐

OBSERVATION

Appareil utilisé :

Espèce observée :

Habitat :   Nombre d'oiseaux :

LES CARACTÉRISTIQUES VISUELLES

COMPORTEMENT

PHOTO OU CROQUIS

NOTES

Fiche d'observation

Date : .... Heure : .... Saison : ....

Lieu : ....

La météo : ☐ ☐ ☐ ☐ ☐ ☐

OBSERVATION

Appareil utilisé : ....

Espèce observée : ....

Habitat : .... Nombre d'oiseaux : ....

LES CARACTÉRISTIQUES VISUELLES

....

....

....

....

....

....

....

....

....

....

COMPORTEMENT

....

....

....

....

....

....

PHOTO OU CROQUIS

NOTES

Fiche d'observation

Date : _______________ Heure : _______________ Saison : _______________

Lieu : ____

La météo : ☐ ☐ ☐ ☐ ☐ ☐

OBSERVATION

Appareil utilisé : ____

Espèce observée : ____

Habitat : _______________________ Nombre d'oiseaux : _______________

LES CARACTÉRISTIQUES VISUELLES

____
____
____
____
____
____
____
____
____
____

COMPORTEMENT

____
____
____
____
____
____

PHOTO OU CROQUIS

NOTES

Fiche d'observation

Date : _______________   Heure : _______________   Saison : _______________

Lieu : _______________

La météo : ☐ ☐ ☐ ☐ ☐ ☐

OBSERVATION

Appareil utilisé : _______________

Espèce observée : _______________

Habitat : _______________   Nombre d'oiseaux : _______________

LES CARACTÉRISTIQUES VISUELLES

____

____

____

____

____

____

____

____

____

____

COMPORTEMENT

____

____

____

____

____

____

PHOTO OU CROQUIS

NOTES

Fiche d'observation

Date : .... Heure : .... Saison : ....

Lieu : ....

La météo : ☐ ☐ ☐ ☐ ☐ ☐

OBSERVATION

Appareil utilisé : ....

Espèce observée : ....

Habitat : .... Nombre d'oiseaux : ....

LES CARACTÉRISTIQUES VISUELLES

....

....

....

....

....

....

....

....

....

....

COMPORTEMENT

....

....

....

....

....

....

....

PHOTO OU CROQUIS

NOTES

Fiche d'observation

Date : ___________________ Heure : ___________________ Saison : ___________________

Lieu : ____

La météo : ☐ ☐ ☐ ☐ ☐ ☐

OBSERVATION

Appareil utilisé : ____

Espèce observée : ____

Habitat : ___________________________ Nombre d'oiseaux : ___________________

LES CARACTÉRISTIQUES VISUELLES

____

____

____

____

____

____

____

____

____

____

COMPORTEMENT

____

____

____

____

____

____

PHOTO OU CROQUIS

NOTES

Fiche d'observation

Date :   Heure :   Saison :

Lieu :

La météo :

OBSERVATION

Appareil utilisé :

Espèce observée :

Habitat :   Nombre d'oiseaux :

LES CARACTÉRISTIQUES VISUELLES

COMPORTEMENT

PHOTO OU CROQUIS

NOTES

Fiche d'observation

Date : .... Heure : .... Saison : ....

Lieu : ....

La météo : ☐ ☐ ☐ ☐ ☐ ☐

OBSERVATION

Appareil utilisé : ....

Espèce observée : ....

Habitat : .... Nombre d'oiseaux : ....

LES CARACTÉRISTIQUES VISUELLES

....
....
....
....
....
....
....
....
....
....

COMPORTEMENT

....
....
....
....
....
....
....

PHOTO OU CROQUIS

NOTES

Fiche d'observation

Date : .... Heure : .... Saison : ....

Lieu : ....

La météo : ☐ ☐ ☐ ☐ ☐ ☐

OBSERVATION

Appareil utilisé : ....

Espèce observée : ....

Habitat : .... Nombre d'oiseaux : ....

LES CARACTÉRISTIQUES VISUELLES

....
....
....
....
....
....
....
....
....
....

COMPORTEMENT

....
....
....
....
....
....

PHOTO OU CROQUIS

NOTES

Fiche d'observation

Date : .... Heure : .... Saison : ....

Lieu : ....

La météo : ☐ ☐ ☐ ☐ ☐ ☐

OBSERVATION

Appareil utilisé : ....

Espèce observée : ....

Habitat : .... Nombre d'oiseaux : ....

LES CARACTÉRISTIQUES VISUELLES

....

....

....

....

....

....

....

....

....

....

COMPORTEMENT

....

....

....

....

....

....

....

PHOTO OU CROQUIS

NOTES

Fiche d'observation

Date : ....   Heure : ....   Saison : ....

Lieu : ....

La météo : ☐   ☐   ☐   ☐   ☐   ☐

OBSERVATION

Appareil utilisé : ....

Espèce observée : ....

Habitat : ....   Nombre d'oiseaux : ....

LES CARACTÉRISTIQUES VISUELLES

....

....

....

....

....

....

....

....

....

COMPORTEMENT

....

....

....

....

....

PHOTO OU CROQUIS

NOTES

Fiche d'observation

Date :   Heure :   Saison :

Lieu :

La météo :

OBSERVATION

Appareil utilisé :

Espèce observée :

Habitat :   Nombre d'oiseaux :

LES CARACTÉRISTIQUES VISUELLES

COMPORTEMENT

PHOTO OU CROQUIS

NOTES

Fiche d'observation

Date : _______________ Heure : _______________ Saison : _______________

Lieu : _______________

La météo : ☐ ☐ ☐ ☐ ☐ ☐

OBSERVATION

Appareil utilisé : _______________

Espèce observée : _______________

Habitat : _______________ Nombre d'oiseaux : _______________

LES CARACTÉRISTIQUES VISUELLES

COMPORTEMENT

PHOTO OU CROQUIS

NOTES

Fiche d'observation

Date : .... Heure : .... Saison : ....

Lieu : ....

La météo : ☐ ☐ ☐ ☐ ☐ ☐

OBSERVATION

Appareil utilisé : ....
Espèce observée : ....
Habitat : .... Nombre d'oiseaux : ....

LES CARACTÉRISTIQUES VISUELLES

COMPORTEMENT

PHOTO OU CROQUIS

NOTES

Fiche d'observation

Date : Heure : Saison :

Lieu :

La météo :

OBSERVATION

Appareil utilisé :
Espèce observée :
Habitat : Nombre d'oiseaux :

LES CARACTÉRISTIQUES VISUELLES

COMPORTEMENT

PHOTO OU CROQUIS

NOTES

Fiche d'observation

Date :   Heure :   Saison :

Lieu :

La météo : ☐   ☐   ☐   ☐   ☐   ☐

OBSERVATION

Appareil utilisé :

Espèce observée :

Habitat :   Nombre d'oiseaux :

LES CARACTÉRISTIQUES VISUELLES

COMPORTEMENT

NOTES

Fiche d'observation

Date : ....   Heure : ....   Saison : ....

Lieu : ....

La météo : ☐ ☐ ☐ ☐ ☐ ☐

OBSERVATION

Appareil utilisé : ....

Espèce observée : ....

Habitat : ....   Nombre d'oiseaux : ....

LES CARACTÉRISTIQUES VISUELLES

....

....

....

....

....

....

....

....

....

COMPORTEMENT

....

....

....

....

....

....

PHOTO OU CROQUIS

NOTES

Fiche d'observation

Date : ....   Heure : ....   Saison : ....

Lieu : ....

La météo : ☐ ☐ ☐ ☐ ☐ ☐

OBSERVATION

Appareil utilisé : ....

Espèce observée : ....

Habitat : ....   Nombre d'oiseaux : ....

LES CARACTÉRISTIQUES VISUELLES

....

....

....

....

....

....

....

....

....

COMPORTEMENT

....

....

....

....

....

....

NOTES

Fiche d'observation

Date : .... Heure : .... Saison : ....

Lieu : ....

La météo : ☐ ☐ ☐ ☐ ☐ ☐

OBSERVATION

Appareil utilisé : ....

Espèce observée : ....

Habitat : .... Nombre d'oiseaux : ....

LES CARACTÉRISTIQUES VISUELLES

....

....

....

....

....

....

....

....

....

....

COMPORTEMENT

....

....

....

....

....

....

NOTES

Fiche d'observation

Date : ....   Heure : ....   Saison : ....

Lieu : ....

La météo :   ☐   ☐   ☐   ☐   ☐   ☐

OBSERVATION

Appareil utilisé : ....

Espèce observée : ....

Habitat : ....   Nombre d'oiseaux : ....

LES CARACTÉRISTIQUES VISUELLES

....

....

....

....

....

....

....

....

....

....

COMPORTEMENT

....

....

....

....

....

....

PHOTO OU CROQUIS

NOTES

Fiche d'observation

Date : .... Heure : .... Saison : ....

Lieu : ....

La météo : ☐ ☐ ☐ ☐ ☐ ☐

OBSERVATION

Appareil utilisé : ....

Espèce observée : ....

Habitat : .... Nombre d'oiseaux : ....

LES CARACTÉRISTIQUES VISUELLES

....

....

....

....

....

....

....

....

....

....

COMPORTEMENT

....

....

....

....

....

....

PHOTO OU CROQUIS

NOTES

Fiche d'observation

Date : .... Heure : .... Saison : ....

Lieu : ....

La météo : ☐ ☐ ☐ ☐ ☐ ☐

OBSERVATION

Appareil utilisé : ....

Espèce observée : ....

Habitat : .... Nombre d'oiseaux : ....

LES CARACTÉRISTIQUES VISUELLES

....

....

....

....

....

....

....

....

....

....

COMPORTEMENT

....

....

....

....

....

....

....

PHOTO OU CROQUIS

NOTES

Fiche d'observation

Date :   Heure :   Saison :

Lieu :

La météo :

OBSERVATION

Appareil utilisé :

Espèce observée :

Habitat :   Nombre d'oiseaux :

LES CARACTÉRISTIQUES VISUELLES

COMPORTEMENT

PHOTO OU CROQUIS

NOTES

Fiche d'observation

Date :　　　　　Heure :　　　　　Saison :

Lieu :

La météo :　□　□　□　□　□　□

OBSERVATION

Appareil utilisé :

Espèce observée :

Habitat :　　　　　Nombre d'oiseaux :

LES CARACTÉRISTIQUES VISUELLES

COMPORTEMENT

PHOTO OU CROQUIS
NOTES

Date : _____________ Heure : _____________ Saison : _____________

Lieu : _____________

La météo : ☐ ☐ ☐ ☐ ☐ ☐

OBSERVATION

Appareil utilisé : _____________

Espèce observée : _____________

Habitat : _____________ Nombre d'oiseaux : _____________

LES CARACTÉRISTIQUES VISUELLES

____

____

____

____

____

____

____

____

____

____

COMPORTEMENT

____

____

____

____

____

Fiche d'observation

Date :   Heure :   Saison :

Lieu :

La météo : ☐   ☐   ☐   ☐   ☐   ☐

OBSERVATION

Appareil utilisé :

Espèce observée :

Habitat :   Nombre d'oiseaux :

LES CARACTÉRISTIQUES VISUELLES

COMPORTEMENT

PHOTO OU CROQUIS

NOTES

Fiche d'observation

Date : Heure : Saison :

Lieu :

La météo :

OBSERVATION

Appareil utilisé :

Espèce observée :

Habitat : Nombre d'oiseaux :

LES CARACTÉRISTIQUES VISUELLES

COMPORTEMENT

PHOTO OU CROQUIS

NOTES

Fiche d'observation

Date :   Heure :   Saison :

Lieu :

La météo :

OBSERVATION

Appareil utilisé :

Espèce observée :

Habitat :   Nombre d'oiseaux :

LES CARACTÉRISTIQUES VISUELLES

COMPORTEMENT

PHOTO OU CROQUIS

NOTES

Fiche d'observation

Date : .... Heure : .... Saison : ....

Lieu : ....

La météo : ☐ ☐ ☐ ☐ ☐ ☐

OBSERVATION

Appareil utilisé : ....

Espèce observée : ....

Habitat : .... Nombre d'oiseaux : ....

LES CARACTÉRISTIQUES VISUELLES

....

....

....

....

....

....

....

....

....

COMPORTEMENT

....

....

....

....

....

....

PHOTO OU CROQUIS

NOTES

Fiche d'observation

Date : .... Heure : .... Saison : ....

Lieu : ....

La météo : ☐ ☐ ☐ ☐ ☐ ☐

OBSERVATION

Appareil utilisé : ....

Espèce observée : ....

Habitat : .... Nombre d'oiseaux : ....

LES CARACTÉRISTIQUES VISUELLES

....

....

....

....

....

....

....

....

....

....

COMPORTEMENT

....

....

....

....

....

....

PHOTO OU CROQUIS

NOTES

Fiche d'observation

Date : .... Heure : .... Saison : ....

Lieu : ....

La météo : ☐ ☐ ☐ ☐ ☐ ☐

OBSERVATION

Appareil utilisé : ....

Espèce observée : ....

Habitat : .... Nombre d'oiseaux : ....

LES CARACTÉRISTIQUES VISUELLES

COMPORTEMENT

PHOTO OU CROQUIS

NOTES

Fiche d'observation

Date : ______________   Heure : ______________   Saison : ______________

Lieu : ____

La météo : ☐ ☐ ☐ ☐ ☐ ☐

OBSERVATION

Appareil utilisé : ____

Espèce observée : ____

Habitat : ______________   Nombre d'oiseaux : ______________

LES CARACTÉRISTIQUES VISUELLES

COMPORTEMENT

PHOTO OU CROQUIS

NOTES

Fiche d'observation

Date :   Heure :   Saison :

Lieu :

La météo :

OBSERVATION

Appareil utilisé :

Espèce observée :

Habitat :   Nombre d'oiseaux :

LES CARACTÉRISTIQUES VISUELLES

COMPORTEMENT

PHOTO OU CROQUIS

NOTES

Fiche d'observation

Date : .... Heure : .... Saison : ....

Lieu : ....

La météo : ☐ ☐ ☐ ☐ ☐ ☐

OBSERVATION

Appareil utilisé : ....

Espèce observée : ....

Habitat : .... Nombre d'oiseaux : ....

LES CARACTÉRISTIQUES VISUELLES

....

....

....

....

....

....

....

....

....

COMPORTEMENT

....

....

....

....

....

....

PHOTO OU CROQUIS

NOTES

Fiche d'observation

Date : .... Heure : .... Saison : ....

Lieu : ....

La météo : ☐ ☐ ☐ ☐ ☐ ☐

OBSERVATION

Appareil utilisé : ....
Espèce observée : ....
Habitat : .... Nombre d'oiseaux : ....

LES CARACTÉRISTIQUES VISUELLES

....
....
....
....
....
....
....
....
....
....

COMPORTEMENT

....
....
....
....
....
....

PHOTO OU CROQUIS

NOTES

Fiche d'observation

Date :   Heure :   Saison :

Lieu :

La météo : ☐ ☐ ☐ ☐ ☐ ☐

OBSERVATION

Appareil utilisé :

Espèce observée :

Habitat :   Nombre d'oiseaux :

LES CARACTÉRISTIQUES VISUELLES

COMPORTEMENT

PHOTO OU CROQUIS

NOTES

Fiche d'observation

Date : Heure : Saison :

Lieu :

La météo :

OBSERVATION

Appareil utilisé :
Espèce observée :
Habitat : Nombre d'oiseaux :

LES CARACTÉRISTIQUES VISUELLES

COMPORTEMENT

PHOTO OU CROQUIS

NOTES

Fiche d'observation

Date : .... Heure : .... Saison : ....

Lieu : ....

La météo : ☐ ☐ ☐ ☐ ☐ ☐

OBSERVATION

Appareil utilisé : ....

Espèce observée : ....

Habitat : .... Nombre d'oiseaux : ....

LES CARACTÉRISTIQUES VISUELLES

....

....

....

....

....

....

....

....

....

....

COMPORTEMENT

....

....

....

....

....

....

PHOTO OU CROQUIS

NOTES

Fiche d'observation

Date : .... Heure : .... Saison : ....

Lieu : ....

La météo : ☐ ☐ ☐ ☐ ☐ ☐

OBSERVATION

Appareil utilisé : ....

Espèce observée : ....

Habitat : .... Nombre d'oiseaux : ....

LES CARACTÉRISTIQUES VISUELLES

....

....

....

....

....

....

....

....

....

....

COMPORTEMENT

....

....

....

....

....

....

PHOTO OU CROQUIS

NOTES

Fiche d'observation

Date : .... Heure : .... Saison : ....

Lieu : ....

La météo : ☐ ☐ ☐ ☐ ☐ ☐

OBSERVATION

Appareil utilisé : ....

Espèce observée : ....

Habitat : .... Nombre d'oiseaux : ....

LES CARACTÉRISTIQUES VISUELLES

....
....
....
....
....
....
....
....
....
....

COMPORTEMENT

....
....
....
....
....
....

PHOTO OU CROQUIS

NOTES

Fiche d'observation

Date : .... Heure : .... Saison : ....

Lieu : ....

La météo : ☐ ☐ ☐ ☐ ☐ ☐

OBSERVATION

Appareil utilisé : ....

Espèce observée : ....

Habitat : .... Nombre d'oiseaux : ....

LES CARACTÉRISTIQUES VISUELLES

COMPORTEMENT

PHOTO OU CROQUIS

NOTES

Fiche d'observation

Date :　Heure :　Saison :

Lieu :

La météo :

OBSERVATION

Appareil utilisé :
Espèce observée :
Habitat :　Nombre d'oiseaux :

LES CARACTÉRISTIQUES VISUELLES

COMPORTEMENT

PHOTO OU CROQUIS

NOTES

Date : .... Heure : .... Saison : ....

Lieu : ....

La météo : ☐ ☐ ☐ ☐ ☐ ☐

OBSERVATION

Appareil utilisé : ....

Espèce observée : ....

Habitat : .... Nombre d'oiseaux : ....

LES CARACTÉRISTIQUES VISUELLES

COMPORTEMENT

PHOTO OU CROQUIS
NOTES

www.ingramcontent.com/pod-product-compliance
Lightning Source LLC
Chambersburg PA
CBHW071230240726
48654CB00009B/977